Pater
Anselm Grün

Die Taufe

Vier-Türme-Verlag

Pater
Anselm Grün

Die Taufe

Feier des Lebens

Vier-Türme-Verlag
Münsterschwarzach

Die Deutsche Bibliothek – CIP-Einheitsaufnahme
Ein Titeldatensatz für diese Publikation ist bei
Der Deutschen Bibliothek erhältlich

3. Auflage 2004

Umschlaggestaltung, Layout und Satz:
Atelier Stefan Issig und Dirk Nitschke, Büro für Gestaltung, Kitzingen
Druck: Benedict Press, Münsterschwarzach

ISBN 3-87868-146-1

Einleitung

I. Das Sakrament der Taufe

II. Gestaltung der Tauffeier

III. Leben aus der Taufe

Zusammenfassung

Die Taufe

Feier des Lebens

Einleitung

Die neue Identität

In der frühen Kirche war die Taufe ein Ritual, das sowohl bei den Täuflingen als auch bei den Mitfeiernden einen tiefen Eindruck hinterließ. Der Taufe ging eine mehrjährige Vorbereitung voraus. Darin wurden die Täuflinge in das Geheimnis des christlichen Lebens eingeführt. Offensichtlich verstand es die frühe Kirche, die Menschen für ein Leben mit und aus Jesus Christus zu begeistern. Da erfuhren sie eine Alternative zu dem sinnlosen und gottlosen Treiben, wie es die ausgehende Antike kennzeichnete. In der Taufe vollzogen die Täuflinge einen Bruch mit ihrer bisherigen Biographie. Sie entschieden sich für ein Leben, das sich nicht nur an den Worten Jesu orientierte, sondern das aus einer anderen, einer göttlichen Quelle gespeist wurde. Sie hatten das Gefühl, durch die Taufe erst wirklich zum Leben zu kommen. Alles bisherige war – wie es der 1. Petrusbrief beschreibt – „mataios = sinnlos und leer, bloße Illusion, ein „Scheinleben". In der Taufe gaben sie die alte Identität auf, um in Jesus Christus eine neue Identität zu finden. Das Leben der ausgehenden Antike war ja geprägt durch den Ruf nach „panem et circenses – Brot und Spiele". Es war eine dekadente Welt. Der Sinn des Lebens war verloren gegangen. Es drehte sich alles nur noch um Neugier und Sensationen, um Vergnügen und Belustigungen. Aus diesem leeren Treiben brachen die Täuflinge aus, um in Christus eine neue Identität zu finden. Der Bruch mit ihrer alten Identität wurde eindrucksvoll in der nächtlichen Tauffeier zum Ausdruck gebracht. Da stiegen die Täuflinge nackt in das Taufbecken und wurden dreimal mit Wasser übergossen. Sie widersagten dem Bösen und der Sinnlosigkeit eines gottfernen Lebens und entschieden sich, dieser Welt zu sterben, sich nicht mehr von Erfolg und Leistung, von Vergnügen und Ausschweifung zu definieren, sondern von Christus her.

Neugeburt

Sie erfuhren ihre Taufe wie eine Neugeburt. In Christus haben sie eine neue Existenz bekommen. Die neue Existenz ist geprägt von der Erfahrung einer großen Freiheit. Jetzt definieren sich die Täuflinge von Gott her, jetzt sind sie freie Menschen. Sie haben keinen Kaiser mehr über sich. Sie sind nicht mehr dazu verdammt, die Erwartungen anderer zu erfüllen. Sie sind wahrhaft frei und können den Weg gehen, der sie zum wirklichen Leben führt. Und die Taufe vermittelte ihnen die Erfahrung einer neuen Nähe Gottes und einer Liebe, in der sie sich bedingungslos geliebt wußten. Taufe war für sie die Einweihung in das Geheimnis des erlösten und befreiten Lebens und in das Geheimnis eines Gottes, der sie hineinnahm in den Kreislauf seiner göttlichen Liebe. Wenn die Täuflinge nackt aus dem Becken stiegen und dann vom Bischof – oder die Frauen von einer Frau – mit wohlriechenden Ölen gesalbt wurden, dann erfuhren sie sich wirklich als neue Menschen, als Menschen, die ganz und gar eingehüllt sind in die Liebe Gottes. Und sie erfuhren zugleich, daß sie in der Kirche neue Brüder und Schwestern fanden, eine Gemeinschaft, in der sie vorurteilslos angenommen waren, die sie aber auch herausforderte zu einem sinnvollen und erfüllten Leben.

Anteil an Gott

Die Sehnsucht nach einem erfüllten Leben, nach Freiheit von den Erwartungen und Ansprüchen dieser Welt bewegt sicher auch heute viele Menschen. Aber viele fragen sich, was diese Sehnsucht mit Jesus Christus zu tun hat, warum ausgerechnet die Gemeinschaft mit Christus ihnen die Freiheit und das Leben in Fülle schenken sollte. Es würde doch genügen, irgendwie einen spirituellen Weg zu gehen. Der könnte doch auch ohne Jesus gelingen. Es wäre sicher eine eigene Schrift nötig, um die Rolle Jesu auf unserem Weg der Menschwerdung zu beschreiben. Für die frühen Christen war die Begegnung mit Jesus so faszinierend, daß sie die Gefahr der Verfolgung auf sich nahmen, um diese neue Lebensqualität in sich zu erfahren, die ihnen Jesus schenkte. Doch was war es, das die Menschen an Jesus so bewunderten und was sie bewog, ihr Leben aufs Spiel zu setzen? Der 2. Petrusbrief, der die Botschaft Jesu in die Situation der hellenistischen Geisteswelt hinein übersetzt, sah die anziehende Wirkung Jesu darin begründet, daß Jesus uns alles schenkt, was für uns und unser Leben gut ist. In Jesus ist die Herrlichkeit Gottes aufgeleuchtet. „Durch sie wurden uns die kostbaren und überaus großen Verheißungen geschenkt, damit ihr der verderblichen Begierde, die in der Welt herrscht, entflieht und an der göttlichen Natur Anteil erhaltet.“ (2 Petr 1,4) Die Taufe befreit uns von dem Weg, der nichts bringt, der nur in die Verlorenheit führt, und schenkt uns Anteil an der göttlichen Natur. An Gott selbst teilzuhaben, das war wohl der größte Wunsch suchender Menschen in der Antike. Wenn der Mensch an Gott Anteil hat, dann wird er erst wahrhaft zum Menschen. So glaubte man in der ausgehenden Antike.

So hat es auch Alfred Delp im Gestapogefängnis kurz vor seinem Tod erfahren: „Der Mensch ist nur mit Gott zusammen Mensch." (Delp 281) Die menschenverachtende Ideologie des Nationalsozialismus hat ihn gelehrt, daß der Mensch zu seiner Menschwerdung der göttlichen Natur bedarf. In der Taufe wird uns das göttliche Leben zuteil. Die Aufgabe der Kirche wäre es, die Taufe heute so zu feiern, daß die Menschen durch sie das Geheimnis ihres Lebens erahnen, daß sie durch die Taufe erfahren, wer sie eigentlich sind.

Bedeutung der Taufe

Als die Kindertaufe mehr und mehr zum Normalfall wurde, ging viel von der existentiellen Wirkung der Taufe verloren. Und bis heute bleibt ein Unbehagen, was denn wohl die Feier der Kindertaufe bedeuten solle. Das Kind bekommt doch gar nichts davon mit. In der Vergangenheit wurden dann manche Deutungen gegeben, die ein Verständnis der Kindertaufe eher erschwert haben, wie z.B. daß das Kind von der Erbsünde befreit werde, daß aus einem Heidenkind ein Gotteskind werde oder daß es durch die Taufe in die Kirche eingegliedert werde. Das erste Verständnis klingt magisch und pessimistisch, als ob das Kind ohne Taufe kein Gotteskind sei und nicht in den Himmel kommen könne. Wenn die Taufe einseitig als Eingliederung in die Kirche verstanden wird, dann hat das den Beigeschmack von Vereinnahmung. Die Kirche wird dann wie ein Verein verstanden, der möglichst schnell seine Mitglieder an sich binden möchte.

Die Frage ist, wie wir heute die Taufe verstehen können. Und wie können wir die Taufe so feiern, daß die Menschen fasziniert vor dem Geheimnis des Lebens stehen, daß sie sich freuen können über das Geschenk des Kindes, das Gott ihnen zugedacht hat? Die Taufe ist zwar etwas genuin Christliches. Trotz aller Ähnlichkeiten mit den jüdischen Waschungen, wie sie in Qumram üblich waren, ist sie doch etwas Besonderes. Auf der anderen Seite gibt es in allen Religionen Riten um die Geburt eines Kindes herum. Alle Völker und Kulturen haben offensichtlich das Bedürfnis, das Geheimnis der Geburt und das göttliche Geschenk eines Kindes durch Riten auszudrücken. Und oft kreisen diese Riten um das Thema Wasser und Waschung. Es soll vom Kind alles abgewaschen werden, was sein wahres Wesen verhüllt. Und es soll in Berührung kommen mit der wahren Quelle des Lebens. Ich möchte in diesem Heft nicht eine vollständige Tauftheologie entfalten, sondern – wie die Kirchenväter – in einer bildhaften Sprache aufzeigen, was die Taufe (gerade auch die Kindertaufe) für uns bedeuten kann, wie wir sie feiern und wie wir aus der Wirklichkeit unserer Taufe als freie und bedingungslos geliebte Menschen leben können.

I. Das Sakrament der Taufe

Die Taufe ist ein Sakrament. Doch mit diesem Begriff können viele heute nichts mehr anfangen. Sakrament meint eine „Weihehandlung mit eidlicher Verpflichtung". (Neunheuser 825) „Sacramentum" war eigentlich der Fahneneid des römischen Soldaten. Im Sakrament der Taufe bindet sich der Täufling an Christus. Er drückt damit aus, daß er gemeinsam mit Christus sein Leben gestalten möchte. Doch Sakrament meint noch etwas anderes. Es ist die Übersetzung des griechischen Wortes „mysterion". Mysterium aber bedeutet die Einweihung des Glaubenden in das Geheimnis des Lebens, in das Geheimnis von Tod und Auferstehung Jesu Christi. Die Frage ist, wie uns diese beiden Begriffe helfen können, die Taufe eines Kindes zu verstehen.

Geheimnis des Kindes

In der Taufe feiern wir das Geheimnis des Kindes. Was macht sein Wesen aus? Wer ist dieses Kind in seiner tiefsten Wirklichkeit? Indem wir das Leben des Kindes mit dem Schicksal Jesu Christi in Berührung bringen, soll uns deutlich werden, wer dieses Kind eigentlich ist, was Leben bedeutet, wie wir es mit den Augen des Glaubens sehen können. Im Licht des Schicksals Jesu soll uns das Geheimnis des Kindes aufgehen, sollen wir erkennen, daß das Kind nicht nur irdisches Leben hat, sondern auch göttliches, daß der Tod keine Macht mehr über es hat, da es schon Anteil hat an der Auferstehung Jesu. Doch was soll der Ritus der Taufe im Täufling und in den Menschen, die die Taufe feiern bewirken? Der Ritus öffnet uns die Augen, damit wir das Kind nicht nur als Kind dieser

Eltern und dieser Großfamilie sehen, sondern als göttliches Kind, in dem Gott einen neuen Anfang setzt, in dem etwas Einmaliges und Einzigartiges in dieser Welt aufleuchtet.

Aber der Ritus bewirkt mehr. Im Ritus berührt Jesus Christus selbst das Kind, gießt ihm sein göttliches Leben und seine bedingungslose Liebe ein, berührt ihn, vermittelt ihm Gottes Schutz und zeigt ihm seine Schönheit auf. Wir reden nicht nur über das Kind. Wir feiern sein Geheimnis, indem wir es in das Geheimnis Gottes hineinhalten, wie es uns in Jesus Christus am klarsten aufgeleuchtet ist. Aber in einem Ritus geschieht nie nur etwas mit den Menschen, an denen der Ritus vollzogen wird, sondern immer auch für die, die am Ritus teilnehmen. Am kleinen Kind selbst wird die Wirkung des Ritus beschränkt bleiben, da es kaum bewußt mitbekommt, was da an ihm geschieht. Wir feiern die Taufe auch für uns, um das Kind mit neuen Augen zu sehen und neue Verhaltensweisen und Beziehungsmuster durch die vorgegebenen Rituale einzuüben. Das Kind ist nicht nur das Kind seiner Eltern. Es ist Kind Gottes. Es hat eine göttliche Würde. Es ist frei. Es gehört nicht den Eltern, sondern Gott. Es wird seinen eigenen Weg gehen. Es hat einen Engel zu seiner Seite, der es begleiten wird, der es auch durch die Gefährdungen des Lebens und durch die Verletzungen gut gemeinter Erziehung sicher hindurchführt. So entlastet die Taufe die Eltern, die sich oft genug unter Druck setzen, daß sie auch ja alles richtig machen in der Erziehung. Denn Fehler der Erziehung könnten ja unheilvolle Folgen haben und dem Kind auf Dauer schaden. Die Taufe zeigt uns, daß Gott über das Kind seine schützende Hand hält, daß die heilende Kraft

Christi stärker ist als die verwundenden Mechanismen unserer neurotischen Psyche, daß jedes Kind seinen Engel hat, der über es wacht.

Das Wasser

Wie das Leben beschaffen ist, das wir in der Taufe feiern, soll an einigen Bildern entfaltet werden, wie sie in den Taufriten aufleuchten. Da ist einmal das Bild des Wassers, wohl das zentrale Bild der Taufe. Für die frühen Christen, die nackt in das Taufbad stiegen, war es eindrücklicher als für uns, die wir nur ein paar Spritzer Wasser über den Kopf des Kindes gießen. Wasser ist einmal der Ursprung allen Lebens. Alles Leben entspringt aus dem Wasser. In den Märchen wird vom Lebenswasser gesprochen, das die Wunden heilt und einen für immer leben läßt.

Es gibt das Bild des Jungbrunnens. Wer daraus trinkt, bleibt immer jung. Quelle und Brunnen sind in allen Kulturen heilige Orte. Am Brunnen begegnen sich Menschen, da gehen Männer auf Brautschau, wie etwa Mose oder Isaak. Der Brunnen hat eine erotische Dimension. Und er ist Ort der Gottesoffenbarung. Hagar, die von Abraham verstoßene Magd, findet an der Wasserquelle wieder Mut zum Leben. Jesus begegnet der samaritischen Frau am Brunnen und spricht zu ihr von dem Wasser, das er geben wird. Wer davon trinkt, „wird niemals mehr Durst haben; vielmehr wird das Wasser, das ich ihm gebe, in ihm zur sprudelnden Quelle werden, deren Wasser ewiges Leben schenkt.“ (Joh 4,14) Der Taufbrunnen ist so ein Brunnen, an dem wir aus dem Wasser schöpfen, das in uns selbst zu einer Quelle wird, die nie versiegt. Auch die erotische Dimension der Quellen und Brunnen wird am Taufbrunnen sichtbar. Es ist letztlich die Liebe Gottes, die da über uns gegossen wird und die in uns zu einer unerschöpflichen Quelle wird. Unser tiefster Durst geht nach einer Liebe, die nie aufhört, weil sie von einer Quelle gespeist wird, die nie vertrocknet. Diese göttliche Liebe wird uns im Quellwasser der Taufe geschenkt. Aus ihr können wir immer trinken, wenn unsere menschliche Liebe brüchig wird, wenn sie uns zwischen den Fingern zerrinnt.

Wasser der Reinigung

Wasser hat in allen Religionen und Kulturen auch eine Reinigungs- und Erneuerungskraft. Das Wasser der Taufe reinigt uns von den Fehlern der Vergangenheit und erneuert uns, damit wir als neue Menschen leben. Das ist für einen Erwachsenen, der mit Wasser übergossen wird, verständlicher als für ein Kind. Wovon soll denn das Kind gereinigt werden? Es hat doch noch nicht gesündigt. Wenn die Kirche des Mittelalters meinte, das Kind werde von der Erbsünde abgewaschen, so könnten wir das in unsere Sprache heute so übersetzen: Das Kind wird aus dem Schicksalszusammenhang herausgenommen. Alles, was das Kind belastet, angefangen von den Erbfaktoren bis hin zur psychischen Familiensituation, die bedingt ist durch die Kindheitserfahrungen der Eltern, der Großeltern und Urgroßeltern, wird in der Taufe abgewaschen. Natürlich geschieht das nicht magisch. Man kann ja nicht sagen, daß alle psychischen Verwicklungen durch die Taufe einfach aufgelöst werden. Aber indem wir das Wasser über das Kind schütten, können wir uns vorstellen, daß das Kind nicht dazu verdammt ist, das Schicksal seiner Eltern und Großeltern zu wiederholen, daß es nicht einfach Ergebnis des Stammbaumes ist, sondern daß es ganz neu anfangen kann. Es ist eine geistige Geburt, die wir in der Taufe feiern. Das Kind ist nicht festgelegt durch die Vergangenheit, sondern offen für das Neue, das Gott in diesem Kind wirken möchte. Nicht die dunklen Familiengeheimnisse werden das Kind prägen, sondern der Engel Gottes, der das Kind in die Freiheit und zum Leben führt, trotz aller Verstrickungen in die überkommene Familiensituation. Man kann sich auch vorstellen, daß das Wasser all die Trübungen abwäscht, die wir dem Kind antun, die Trübungen aufgrund unserer Bilder, die wir dem Kind überstülpen und die sein Wesen verstellen und beeinträchtigen. Das Taufwasser will das Kind reinigen von allem, was das einmalige Bild Gottes verdunkelt, das in ihm zum Ausdruck kommt.

Geistige Fruchtbarkeit

Wasser ist ferner ein Bild für die geistige Fruchtbarkeit. Es gibt Menschen, die in Routine erstarren, von denen nichts mehr ausgeht. Da ist alles vertrocknet und erstarrt. Die Taufe erinnert uns immer wieder daran, daß in uns eine Quelle sprudelt, die uns nie eintrocknen läßt. Es ist die Quelle des Heiligen Geistes, aus der wir immer schöpfen können. Da werden wir immer inspiriert zu neuen Ideen, da sind wir in Berührung mit der göttlichen Kreativität. Wer aus dieser Quelle heraus arbeitet, der wird nie erschöpft. Aus ihm wird die Arbeit herausfließen. Er hat Lust daran. Und er hat Freude an dem Leben, das in ihm aufblüht. Jeder von uns lebt auch in der Angst, daß seine Kraft versiegen könnte, daß er keine neuen Ideen mehr findet, daß er langweilig wird und leer. Die Taufe verheißt uns, daß die Quelle in uns unerschöpflich ist, weil sie göttlich ist. Sie wird uns immer frisch und lebendig halten und die Saat befruchten, die in uns aufgehen will.

Die kreative Seite des Taufwassers wird in der Geschichte von der Taufe des heidnischen Hauptmanns Kornelius sichtbar. Kornelius hatte im Traum die Weisung erhalten, er solle Petrus bitten, zu ihm zu kommen. Als Petrus vor ihm und seinem Haus eine Predigt hält, werden alle vom Heiligen Geist erfüllt. Sie beginnen, in Zungen zu reden und Gott zu preisen. Alle Juden staunen darüber, daß der Heilige Geist auch über die Heiden kommt. Petrus aber sagt: „Kann jemand denen das Wasser zur Taufe verweigern, die ebenso wie wir den Heiligen Geist empfangen haben? Und er ordnete an, sie im Namen Jesu Christi zu taufen." (Apg 10,47f) Die Taufe mit Wasser hat mit der Geistsendung zu tun. Die frühe Kirche glaubte daran, daß das Taufwasser mit der heiligenden und belebenden Kraft des Heiligen Geistes erfüllt sei. Daher kann das Taufwasser den Menschen befruchten, heiligen und erneuern.

Begraben, was am Leben hindert

Das Wasser kann auch eine zerstörerische Macht haben. Die Alten hatten Angst vor den Gefahren des Meeres. Heute noch spüren wir die zerstörerische Macht des Wassers in den zahlreichen Überschwemmungskatastrophen. In den

Träumen bedeutet Überschwemmung immer, daß wir vom Unbewußten überschwemmt werden, daß wir nicht mehr selber leben, sondern aus irgendwelchen Kräften, die aus dem Unbewußten kommen. Paulus hat diese todbringende Macht des Wassers vor Augen, wenn er davon schreibt, daß wir in der Taufe auf den Tod Christi getauft wurden und wie Christus durch Gott von den Toten auferweckt wurden (vgl. Röm 6,3ff). Wir tauchen in der Taufe gleichsam hinein in das Grab Christi und begraben alles, was uns am Leben hindert. Wir begraben unsere alte Identität, die nur darauf aus war, möglichst viel Geld und Macht und Ansehen zu erwerben, die nur um sich selbst kreiste und in sich verstrickt war. Wir begraben auch unsere Vergangenheit, die uns bisher bestimmt hat. Wir begraben unsere Verletzungen und Kränkungen. Wir wollen sie nicht weiter benutzen, um anderen die Schuld für unsere jetzige Situation zuzuschieben. Wir sterben dieser Welt ab, um als neue Menschen zu leben. Wir definieren uns nicht mehr von Erfolg und Leistung, von Anerkennung und Zuwendung, sondern von Gott her. Das bedeutet die wahre Freiheit. Die Taufe des Kindes zeigt uns, daß da ein Identitätswechsel stattfindet. Das Kind kommt in Berührung mit seinem wahren Wesen, frei von den Abhängigkeiten dieser Welt. Aber auch wir üben uns in der Taufe ein in einen neuen Umgang mit dem Kind. Wir wollen es nicht festlegen auf eine Existenz, die sich von Anerkennung und Erfolg definiert. Wir wollen in ihm das Geheimnis Gottes sehen, das Geheimnis der Freiheit und Einmaligkeit, das Geheimnis der göttlichen Würde.

Dem Tod die Macht nehmen

Wenn wir dieser Welt bereits gestorben sind, wenn sie keine Macht mehr über uns hat, dann heißt das auch, daß wir schon jenseits der Schwelle leben, daß der Tod uns nichts mehr anhaben kann. Bei jeder Geburt mischt sich in die Freude über das junge Leben immer auch die Angst, wie lange dieses Kind wohl leben wird. In der Taufe drücken wir unseren Glauben aus, daß dieses Kind nie sterben wird. Auch wenn der leibliche Tod es irgendwann heimsuchen wird, so wird das Selbst dieses Kindes, sein eigentlicher Personkern, nicht zugrunde gehen. Das heißt, daß unsere Beziehung zu diesem Kind nie zerstört werden kann. Die Liebe Gottes, an der dieses Kind teilhat und die uns durchströmt, wird uns auch über den Tod hinaus miteinander verbinden. Dieser Glaube will uns die Angst nehmen, daß uns das Kind durch den Tod entrissen werden könnte. Und die Freiheit von dieser Angst wird uns davor bewahren, uns krampfhaft an das Kind zu klammern und es festzuhalten.

Der offene Himmel

Wenn wir die Taufe Jesu betrachten, dann werden uns noch andere Aspekte des Wassers und der Taufe vor Augen geführt. Markus beschreibt die Taufe Jesu so: „In jenen Tagen kam Jesus aus Nazaret in Galiläa und ließ sich von Johannes im Jordan taufen, und als er aus dem Wasser stieg, sah er, daß der Himmel sich öffnete und der Geist wie eine Taube auf ihn herabkam. Und eine Stimme aus dem Himmel sprach: Du bist mein geliebter Sohn, an dir habe ich Gefallen gefunden." (Mk 1,9-11) Wenn Jesus ins Wasser hinabsteigt, dann ist das ein Bild dafür, daß er in die Tiefen der Erde eindringt. Das Wasser ist in der Psychologie ein Bild des Unbewußten. In der Taufe steigen wir hinab in die Tiefen des Unbewußten, in die Abgründe der eigenen Seele, in das Schattenreich, in das alles hineingedrängt wurde, was wir vom Leben ausgeschlossen haben. Und gerade indem wir hinabsteigen in die eigene Dunkelheit, öffnet sich über uns der Himmel. Das ist ein schönes Bild für das Geheimnis des Christen. Wir haben den Mut, unser eigenes Menschsein anzunehmen, mit allen Höhen und Tiefen, auch mit der Finsternis, die sich in unserem Unbewußten eingenistet hat. Wir verdrängen nichts. Aber gerade indem wir den Mut haben, in die eigene Tiefe zu steigen, öffnet sich über uns der Himmel. Der offene Himmel zeigt uns den Horizont an, in dem wir als Christen leben. Es ist der offene Horizont Gottes. Unsere Seele hat teil an der Weite des Himmels, am Glanz des Sternenhimmels, an der Farbenpracht des sommerlichen Himmels und am milden Licht des herbstlichen Himmels. Wir sollten nicht zu klein von uns denken. Über uns öffnet sich der Himmel. Unser Leben reicht bis in Gott hinein.

Bedingungslos angenommen

Aus dem Himmel spricht Gott uns zu, daß wir bedingungslos angenommen und daseinsberechtigt sind. Karl Frielingsdorf hat in seinem Buch „Vom Überleben zum Leben“ beschrieben, daß viele Kinder sich nur bedingt daseinsberechtigt fühlen. Sie erfahren, daß sie nur angenommen werden, wenn sie bestimmte Bedingungen erfüllen, wenn sie Erfolg haben, wenn sie etwas leisten, wenn sie den

Eltern keine Sorgen machen, wenn sie pflegeleicht sind, wenn sie sich anpassen. Wenn ein Kind sich nur bedingt angenommen weiß, entwickelt es Strategien des Überlebens. Um beliebt zu sein, unterdrückt es immer die eigene Meinung, verdrängt es alle Traurigkeit und jeden Zorn, um den Eltern ja keine Sorgen zu machen. Um anerkannt zu werden, leistet es immer mehr, verausgabt sich völlig. Aber es wird nie die Bestätigung erfahren, nach der es sich sehnt. Somit lebt es nie wirklich. Es wird vom Leben abgeschnitten. Frielingsdorf nennt dieses reduzierte Leben „Überleben". Damit das Kind überleben kann, braucht es diese Strategien des Leistens und Sich-Anpassens. Leben kann es nur, wenn es bedingungslose Daseinsberechtigung erfährt. In der Taufe hören wir die Stimme Gottes: „Du bist mein geliebter Sohn, du bist meine geliebte Tochter. An dir habe ich Gefallen." Nicht weil du etwas leistest, mag ich dich, sondern so, wie du bist, ist es gut. So bist du ganz und gar willkommen, angenommen, geliebt. Diese absolute Daseinsberechtigung, die wir in der Taufe erfahren, ist die Voraussetzung, daß wir nicht nur überleben, sondern wirklich leben können.

Wiedergeburt

Das Taufwasser, das vom Heiligen Geist befruchtet ist, wird auch als heiliger Schoß verstanden, aus dem die Menschen wiedergeboren werden. Das Bild der Wiedergeburt beschreibt einen wesentlichen Aspekt der Taufe. Im Johannesevangelium sagt Jesus zu Nikodemus: „Wenn jemand nicht von neuem geboren wird, kann er das Reich Gottes nicht sehen." (Joh 3,3) Als Nikodemus das nicht versteht, verdeutlicht ihm Jesus das Geheimnis der Wiedergeburt: „Wenn jemand nicht aus Wasser und Geist geboren wird, kann er nicht in das Reich Gottes kommen. Was aus dem Fleisch geboren ist, das ist Fleisch; was aber aus dem Geist geboren ist, das ist Geist." (Joh 3,5f) Die Wiedergeburt meint, daß der Täufling eine neue Identität bekommt. Seine alte, seine biologische Identität war von natürlichen Zwängen bestimmt. Die Wiedergeburt aus dem Geist schenkt ihm Freiheit. In der Taufe wird das Kind wiedergeboren zum ewigen Leben, da wird es vergöttlicht. Es ist nicht mehr Fleisch, nicht mehr hinfällig und schwach, sondern Geist, d. h. es hat teil an der Unsterblichkeit und Ewigkeit Gottes. Es ist ein neuer Mensch geworden, eingetaucht in unvergängliches, göttliches Leben. Dieses göttliche Leben kann man nicht sehen, man kann daran nur glauben. Aber wenn wir an die Wiedergeburt des Täuflings aus dem Hl. Geist glauben, dann sehen wir das Kind mit anderen Augen an, dann entdecken wir in ihm die göttliche Schönheit, etwas Unvergängliches und Ewiges, das jetzt schon hineinreicht in die Ewigkeit Gottes, dann finden wir hier auf Erden im Antlitz des Kindes schon den Himmel, dann geht uns im Menschen das Geheimnis Gottes auf.

Die Salbung

Ein anderes Bild der Taufe ist das der Salbung. In der Taufe wird der Täufling zweimal gesalbt, einmal mit Katechumenenöl und dann mit Chrisam. Das Katechumenenöl ist das Öl der Heilung. Die Salbung mit dem Katechumenenöl bringt zum Ausdruck, daß die heilende Kraft, die von Jesus Christus ausgeht, stärker ist als die Verletzungen, die das Kind in seinem Leben erfahren wird. Jedes Kind wird verletzt, auch wenn die Eltern noch so sorgsam und behutsam mit ihm umgehen werden. Wir können den Verwundungen nicht entgehen, die das Leben uns bereitet. Entscheidend ist, wie wir mit den Wunden unserer Lebensgeschichte umgehen. Das Katechumenenöl möchte uns leibhaft vermitteln, daß wir mit unseren Wunden nicht allein gelassen werden. Im Ritus der Salbung drücken wir aus, daß Christi Liebe in unsere Wunden einströmt, daß Christus selbst unsere Wunden zärtlich berührt. Öl bedeutet immer Zärtlichkeit, Liebe, Achtsamkeit, liebevolle Berührung. Christus berührt uns liebevoll gerade dort, wo wir verwundet werden. Und seine Berührung kann unsere Wunden heilen, genauso wie damals, als Jesus die Kranken berührt und geheilt hat. In der Salbung mit Katechumenenöl soll aber auch deutlich werden, daß Christus heute durch uns heilen möchte. Wir sollen wie Salböl für das Kind sein. Wir sollen es mit unserer Liebe umgeben, damit die Verletzungen in unserer Nähe heilen können. Wir sollen eine heilende Ausstrahlung für das Kind haben. Das wird aber nur dann möglich sein, wenn wir wie Jesus die Menschen dort zärtlich berühren, wo sie ihre empfindlichen Stellen haben, wenn wir sie aufrichten und ihnen Mut machen, ihr eigenes Leben zu wagen.

Das Chrisam

Das Chrisam ist das Öl der Königssalbung. Im Judentum wurden Könige und Propheten mit Öl gesalbt zum Zeichen, daß Gottes Segen auf ihnen ruht und daß sie von Gott her eine neue Autorität bekommen haben. Chrisam ist ein Öl, das mit Balsam und Gewürzen vermischt wird und einen besonders guten Duft ausströmt. Durch die Salbung kommt zum Ausdruck, daß wir königliche, prophetische und priesterliche Menschen sind, daß auf uns der Segen Gottes ruht und daß von unserem Leben ein eigener Geruch ausgeht, ein guter und lebenspendender Duft und nicht der Geruch des Todes, den man bei in sich zerrissenen Menschen wahrnimmt. Durch die Taufe sind wir königliche Menschen geworden, Menschen, die über sich selbst herrschen und von niemandem beherrscht werden, die selber leben, anstatt gelebt zu werden, die mit sich selbst in Frieden sind und von denen daher auch Frieden ausgehen kann. Wir sind Menschen mit einer unantastbaren Würde, mit einer göttlichen Würde und Schönheit. Prophet ist der, der offen und verbindlich etwas ausspricht, der mit seinem ganzen Leben etwas zu sagen hat, was nur durch ihn in dieser Welt gesagt werden kann. Jeder von uns ist ein Prophet, d.h. er/sie kann mit seiner persönlichen Existenz etwas von Gott zum Ausdruck bringen, was nur durch ihn in dieser Welt hörbar und erfahrbar gemacht werden kann. Jeder Mensch ist einmalig, ein einzigartiges Wort Gottes, das nur durch diesen Menschen in der Welt erklingen kann.

Zugang zu Gott

Und jeder von uns ist Priester/in. Das ist die Botschaft des 1. Petrusbriefes, der von manchen Exegeten als Taufpredigt verstanden wird. „Ihr aber seid ein auserwähltes Geschlecht, eine königliche Priesterschaft, ein heiliger Stamm, ein Volk, das sein besonderes Eigentum wurde, damit ihr die großen Taten dessen verkündet, der euch aus der Finsternis in sein wunderbares Licht gerufen hat." (1 Petr 2,9) Der Priester ist Mittler zwischen Gott und den Menschen. Er hat Zugang zu Gott. Aber was besagt das für uns? Wenn wir in der Taufe zu Priestern und Priesterinnen geweiht werden, dann heißt das, daß wir direkten Zugang zu Gott haben, daß wir in uns selbst Gott und Mensch miteinander verbinden. Der Priester ist für mich vor allem der Wandler. Er verwandelt Irdisches in Göttliches, er macht das Irdische durchlässig für Gott, er findet Gottes Spuren in der menschlichen Wirklichkeit. Jeder von uns ist dazu berufen, das Material seines Lebens zu verwandeln, so daß das göttliche Leben darin aufleuchtet. Der Priester hat die Aufgabe, mit allem, was er ist, durchlässig zu sein für Gottes Licht und Herrlichkeit. So leuchtet in jedem Menschen Gottes Herrlichkeit auf. Nach dem 1. Petrusbrief besteht die Aufgabe des Priesters darin, zu verkünden, was Gott dem einzelnen und der Gemeinschaft Großes getan hat, wo und wie er seine Dunkelheit erhellt und ihn mit Licht erfüllt hat. Der Priester ist also auch Deuter und Interpret des menschlichen Lebens. Er findet in jedem Leben die göttlichen Spuren von Licht und Sinnhaftigkeit.

Die Taufkerze

Daß jeder Mensch ein Lichtblick ist für diese Welt, das drückt der Taufritus dadurch aus, daß der Priester die Taufkerze an der Osterkerze entzündet und sie dem Täufling überreicht. Manchmal erleben wir die Kinder nur als Last.

Die Taufe will unsern Blick dafür öffnen, daß mit jedem Kind ein Licht aufgeht in dieser Welt. Nicht umsonst haben die Alten sich vorgestellt, daß mit jedem Menschen ein Stern aufgeht, der am nächtlichen Himmel der Menschheit leuchtet. Durch jeden Menschen möchte die Welt heller und wärmer werden. Das ist unsere tiefste Berufung, daß wir die Augen der Menschen um uns herum erleuchten und daß wir in ihre kalten Herzen etwas Wärme bringen. Die frühe Kirche hat die Taufe „photismos" genannt: Erleuchtung.

Die Taufe zeigt also nicht nur, daß im Kind ein Licht für uns aufgeht, sondern daß das Kind selbst erleuchtet wird vom ewigen Licht Gottes. Die frühe Kirche hat die Blindenheilung in Joh 9,1-12 als Taufgeschichte verstanden. In der Taufe gehen uns die Augen auf. Da sehen wir die eigentliche Wirklichkeit. Die Legende von der hl. Odilia hat das aufgegriffen. In der Taufe wurde die blindgeborene Frau sehend. Die Taufe erleuchtet unsere Augen, daß wir in uns das Licht Gottes erkennen.

Das weiße Gewand

Was ein Christ ist, das drückt die Taufe mit dem Anlegen des weißen Gewandes aus. Die frühen Christen schritten ja nackt in das Taufbecken und zogen dann weiße Gewänder an. Sie verwirklichten, was Paulus im Galaterbrief schreibt: „Ihr alle, die ihr auf Christus getauft seid, habt Christus als Gewand angelegt." (Gal 3,27) Paulus greift hier auf die Vorstellung vom himmlischen Gewand zurück, das für uns im Himmel bereit liegt. Durch die Taufe sind wir eins geworden mit Christus, sind wir gleichsam himmlische Menschen geworden, die nun die Schönheit des Himmels auf dieser Erde widerspiegeln. Das Anlegen des Gewandes ist nicht nur etwas Äußeres, es verwandelt vielmehr den ganzen Menschen, auch sein Herz. Wir sind durch die Taufe andere Menschen geworden. Wir haben eine neue Existenz gewonnen. Wir sind erfüllt vom Geist Jesu, der auch unsern Leib zum Leuchten bringen möchte, wie es die Kirchenväter immer wieder ausdrücken. Im Anlegen des weißen Gewandes vollziehen wir einen Ritus, in dem wir neue Verhaltensweisen dem Kind gegenüber ausprobieren. Mir hat meine Schwester einmal von einem Mann gesagt: „Der sieht einen an, als ob er einen ausziehen möchte." Im Gegensatz dazu soll ich mit diesem Kind so umgehen, daß es sich mit einem weißen Gewand angezogen fühlt, daß es sich eingehüllt fühlt in Liebe, daß es sich seiner Würde freuen kann. Mein Blick soll es bedecken, anstatt zu entblößen. Ritus heißt immer auch, sich in neue Verhaltensweisen hineinspielen, die dem Menschen eher gerecht werden als unsere alten Spiele und Muster.

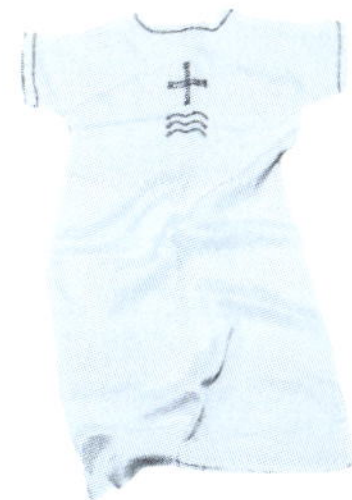

Verwandlung

Alle Bilder und Riten, die wir bisher angeschaut haben, sagen etwas über das Geheimnis des einzelnen Menschen aus. Aber - so fragen viele, die die alte Tauftheologie im Kopf haben - was wird denn durch die Taufe anders als vorher und was hat das mit der Kirche zu tun, in die der einzelne doch durch die Taufe aufgenommen wird? Die Taufe stellt nicht nur dar, was der Mensch ist, sondern sie bewirkt auch eine Verwandlung. Ein Sakrament – so sagt es die alte katholische

Lehre - besteht darin, daß durch etwas Sichtbares etwas Unsichtbares zum Ausdruck kommt und dem Menschen vermittelt wird. Durch die äußeren Riten wird dem Täufling Gottes Gnade geschenkt. Wir spielen nicht etwas vor, wir vollziehen aber auch keine magischen Praktiken. Vielmehr stellen wir dar, was Gott selbst an diesem Menschen tut. Die Kirchenväter glauben daran, daß in der Hand des Priesters oder des Christen Jesus selbst das Kind berührt und an ihm handelt. Was Jesus vor zweitausend Jahren an den Menschen getan hat, das tut er an uns. Er richtet uns auf, er berührt uns, heilt unsere Wunden, ermutigt uns durch Worte und schenkt uns seinen Geist, den er in seinem Tod über uns ausgegossen hat. Und er nimmt uns mit auf seinen Weg, der durch das Kreuz zur Auferstehung, zum wahren und ewigen Leben führt. In der frühen Kirche war der Ritus der Taufe für die Täuflinge ein großes Erlebnis. Sie spürten, daß in ihnen etwas anders geworden ist, daß da eine Verwandlung stattgefunden hat. Die Kinder spüren wohl nur unbewußt, was da an ihnen geschieht. Man kann sich schlecht vorstellen, daß die Tauferfahrung für sie weiter wirkt. Aber zumindest geschieht an der Taufgemeinde etwas. Sie bekommen ein neues Gespür für das Geheimnis des Kindes. Und dadurch wird ihre Beziehung zum Kind anders. Und durch diese neue Beziehung wird sich auch im Kind etwas wandeln. Die Taufe schafft in den Menschen den Raum, in dem das Kind den Weg der eigenen Selbstwerdung gehen kann.

Eingliederung

Nach dem Konzil wurde die Taufe vor allem als Eingliederung in die Gemeinschaft der Kirche verstanden. Und viele Gemeinden versuchen daher, mehrere Kinder gemeinsam im sonntäglichen Gottesdienst zu taufen, damit die ganze Gemeinde daran teilnehmen kann. Das ist zwar theologisch richtig gedacht. Doch entspricht es oft nicht der Wirklichkeit. Denn sind die Gemeinden wirklich der Ort, an dem sich die Kinder daheim fühlen, an dem sich die jungen Familien angenommen und getragen wissen? Es ist daher auch legitim, die Taufe im kleinen Familienkreis zu feiern. Denn dort ist ja auch kirchliche Gemeinde, Ortskirche, in die der Täufling hineinwächst. Eingliederung bedeutet mehr als die Vereinnahmung durch die Pfarrgemeinde. Der Christ lebt immer in Beziehungen. Er lernt den Glauben durch andere. Er erfährt in der Gemeinschaft von Glaubenden, was das Geheimnis seines Lebens ist. Eingliederung in die Gemeinschaft der Kirche ist daher nur dann sinnvoll, wenn durch die Taufe auch etwas mit der feiernden Gemeinde geschieht, wenn sie sich durch die Taufriten hineinspielt in das Geheimnis des Kindes und in das Geheimnis der Erlösung und Befreiung durch Jesus Christus. Die Bestellung der Paten zeigt, daß der enge Familienkreis durch die Taufe aufgebrochen werden soll, daß das Kind in den größeren Kreis von Menschen hineinwächst, die ihm eine heilende Atmosphäre anbieten und seinen Glauben stärken.

II. Gestaltung der Tauffeier

Die Überlegungen für den Taufritus sollen Eltern helfen, die Tauffeier für ihr Kind bewußt selbst vorzubereiten und mitzugestalten. Es genügt nicht, wenn der Priester die vorgesehenen Riten alle bewußt vollzieht. Rituale sind dazu da, daß wir unsere Gefühle, die wir sonst nicht ausdrücken können, zum Ausdruck bringen. Rituale können auf eine viel tiefere Weise miteinander verbinden als es Worte vermögen. Und sie öffnen unser Miteinander auf Gott hin. In ihnen bricht eine andere Dimension in unser Leben ein, die Dimension des Himmels, der sich mit unserer Erde berührt. Rituale lassen die Gestalt Jesu Christi in unserer Mitte sichtbar werden. In den Taufritualen geht es nicht nur um die Gefühle und den Glauben des Priesters, sondern aller Anwesenden, vor allem aber der Eltern und Paten. Daher ist es ratsam, sich vorher mit den Riten zu beschäftigen und zu überlegen, wie man sie verstehen kann und wie man sie gestalten und eventuell leicht abändern will, damit sie wirklich zur gemeinsamen Feier werden. Jeder, der zur Taufe geladen ist, ist auch eingeladen, etwas zur Feier beizutragen. Die Phantasie der Paten ist gefragt. Aber ich halte es auch für sinnvoll, daß die Eingeladenen nicht nur passive Zuschauer sind, sondern sich auf die Riten einlassen, die Eltern, Paten und Priester vorbereitet haben, und daß sie eventuell selbst Vorschläge machen, wie sie sich einbringen möchten.

Die Befragung

Die Taufe beginnt mit der Befragung der Eltern und Paten. Ich halte es für sinnvoll, hier nicht einfach die Formeln zu verwenden, die der Ritus vorsieht, sondern die Eltern persönlich zu fragen, warum sie ihr Kind taufen möchten, was sie unter Taufe verstehen und warum sie gerade diesen Namen für das Kind gewählt haben. Ich gebe den Eltern schon bei der Taufvorbereitung diese Fragen zur Überlegung mit. Das ist dann eine Herausforderung für sie, daß sie sich Gedanken machen, was ihnen an der Taufe wichtig ist. Und sie müssen dann vor der Gemeinde zu den Worten stehen, die sie sich zurecht gelegt haben, in denen sie ihren eigenen Glauben zum Ausdruck bringen. Eine der Kirche entfremdete Frau brach in Tränen aus, als sie vor ihrer Verwandtschaft erzählte, warum sie ihren Sohn taufen lassen möchte. Sie erinnerte sich daran, wie sehr ihr der Glaube doch Heimat geworden war. Und sie wollte nicht, daß ihr Sohn in der Unverbindlichkeit und Pluralität dieser Welt wurzellos dahinlebe. Sie spürt, wie die Taufe dem Kind einen Raum eröffnete, in dem es sich geborgen und getragen weiß.

Der Name

Vielleicht beschäftigen sie sich auch intensiver mit dem Namen, den sie dem Kind gegeben haben. Der Name ist ja nicht unwichtig. Manchmal ist der Name von der Wortbedeutung her schon ein Programm für einen Menschen. Ein Mann, der „Donatus“ hieß, erzählte mir, wie ihm als Kind dieser Name unangenehm war, wie er aber jetzt dankbar dafür sei. Er sei in diesen Namen hineingewachsen. Er verstehe sich nun als „geschenkt“, als Gottesgeschenk. Mit dem Namen wählt man sich auch einen Namenspatron, einen Heiligen, der Vorbild oder Programm sein könnte. Am Namen kann man wachsen. Der Name ist nicht nur Schall und Rauch. Wenn ich mich mit meinem Namenspatron beschäftige, werde ich in mir selbst Möglichkeiten entdecken, die ich sonst brach liegen lassen würde. Ich werde bei meinem Namen gerufen. Das macht auch meine Besonderheit aus. Wenn ich mich mit meinem Namen beschäftige, werde ich mehr und mehr in das Geheimnis meiner eigenen Einmaligkeit hineinwachsen. Dann lasse ich mich gerne mit meinem Namen nennen. Dann identifiziere ich mich mit dem Namen, den mir die Eltern gegeben haben.

Das Patenamt

Auch die Paten frage ich persönlich, wie sie ihr Patenamt verstehen. Manche sagen dann, daß sie das Kind bewußt begleiten möchten, daß sie ihm Stütze sein wollen, ein Gesprächspartner, an den es sich immer wenden kann, und daß sie ihr Amt als Aufgabe sehen, selbst im Glauben zu wachsen und sich erneut mit dem Glauben auseinander zu setzen. Wenn die Eltern in der Kindererziehung an ihre Grenze geraten, möchten sie da sein für das Kind, damit es sich an ihnen aufrichten könne. Gerade wenn sich das Kind – etwa in der Pubertät – mit den Eltern schwer tut, ist es hilfreich, einen Dritten zu haben, außerhalb des Familiengeflechtes, an den es sich wenden kann. Manchmal bringen die Paten auch einen Text mit, der ihnen das Geheimnis der Taufe erschließt. Schon die Suche nach so einem Text bringt in den Eltern und Paten mehr in Bewegung, als wenn ich von ihnen verlange, daß sie jeden Sonntag in den Gottesdienst gehen sollten, um dem Kind Vorbild sein zu können.

Der Tauftext

Nach der Befragung der Eltern folgt ein Tauftext aus der Bibel. Da ist es auch sinnvoll, daß die Eltern sich überlegen, welcher Bibeltext für sie das Geheimnis der Taufe am besten zum Ausdruck bringt. Das Taufbuch bietet eine reiche Auswahl an möglichen Bibelstellen an. Manche wählen einen Text, der nicht unbedingt nur von der Taufe handelt, sondern der mehr ein Bild oder Programm für das Leben ihres Kindes sein könnte. Ein Elternpaar wählte den Text vom Seesturm und gestaltete die ganze Tauffeier auf dem Hintergrund dieses Bildes. Sie formten Nußschalen als kleine Kerzen, die dann auf dem Ozean des Lebens leuchten sollten. Andere Eltern lasen Psalm 139 vor, in dem von der Hand Gottes die Rede ist, die uns von allen Seiten umschließt. Ihnen war das Bild der guten Hand Gottes wichtig, die das Kind schützt. Jedes Kind hat nicht nur die Hände des Vaters und der Mutter, die es streicheln. Da ist auch ein Engel um das Kind, der seine zärtliche Hand um das Kind legt, um es vor Gefahren zu schützen und um es die unerschöpfliche Liebe Gottes spüren zu lassen, wenn die Liebe der Eltern gerade an ihre Grenze kommt.

Das Kreuzzeichen

Nach einer kurzen Ansprache, in der der Priester vor allem die Gedanken und Bilder ausdeutet, die in der gemeinsamen Vorbereitung wichtig geworden sind, beginnt der eigentliche Ritus mit dem Kreuzzeichen, das nicht nur der Priester, sondern auch die Eltern und Paten und – wenn möglich – auch alle Anwesenden dem Kind auf die Stirne zeichnen. Mit dem Kreuzzeichen drücken wir aus, daß das Kind Gott gehört und nicht dem Staat, nicht irgendeinem Kaiser oder König. Es ist nicht dazu da, die Erwartungen anderer zu erfüllen, sondern in Freiheit seinen Weg zu gehen. Das Kreuz ist auch Symbol für die Einheit aller Gegensätze. Für Johannes ist es Zeichen für die Liebe, mit der Christus uns bis zur Vollendung geliebt hat. So sagen wir dem Kind im Kreuzzeichen zu: „Es ist gut, daß es Dich gibt. Alles an Dir ist gut. Die Gegensätze sollen Dich nicht zerreißen. Du bist eins mit Dir selbst, weil Du von der Liebe Christi geeint wirst. Du bist ganz und gar angenommen und geliebt. Es gibt nichts in Dir, was nicht von der Liebe Gottes berührt ist." Und im Kreuzzeichen machen wir Gottes Zusage deutlich: „Ich werde mit dir sein, wohin du auch gehst. Ich bin bei dir. Ich gehe alle deine Wege mit, auch die Kreuzwege, die Irrwege und Umwege."

Die Heiligenlitanei

Nach dem Kreuzzeichen werden die Heiligen angerufen und die Fürbitten für das Kind gesprochen. Die Eltern und Verwandten können diesen Teil sehr persönlich gestalten. Eine Möglichkeit wäre, daß jeder über seinen eigenen Namenspatron nachdenkt und dem Täufling etwas wünscht, was dieser an Haltung verwirklicht hat. Da wünscht eine Mutter, die Maria heißt, daß das Kind so bereit ist, sich auf Gott einzulassen wie Maria. Oder eine Monika wünscht ihm, daß es nie aufgibt, auch wenn nach außen hin alles aussichtslos erscheint. Der Vater wünscht dem Sohn, daß er wie Georg zu kämpfen versteht. Für mich ist beim hl. Anselm so faszinierend, daß er als liebenswürdigster Mensch seiner Zeit angesehen wurde. So wünsche ich, daß das Kind etwas von dieser Liebenswürdigkeit des Anselm erhält. Oder aber die Eltern beschäftigen sich schon vor der Taufe intensiv mit dem Namenspatron des Kindes. Dann können sie an dieser Stelle etwas aus seinem Leben erzählen und ihm das wünschen, was dieser Heilige darstellt. Die Kinder, die bei der Taufe teilnehmen, können schon vorher Bilder malen, in denen sie ausdrücken, was sie dem Täufling wünschen. Das wäre vor allem für die Geschwister eine gute Vorbereitung auf die Taufe. Manche verlegen die Fürbitten für das Kind auf die Übergabe der brennenden Taufkerze an die Eltern. Alle Anwesenden werden dann eingeladen, an der Taufkerze ihre eigenen Taufkerzen oder Teelichter anzuzünden und dem Täufling dabei die Wünsche zu sagen, die einem spontan kommen oder die man sich vorher schon aufgeschrieben hat.

Die Handauflegung

Der Ritus sieht dann die Handauflegung und das Gebet um Schutz für das Kind vor. Es ist sinnvoll, wenn nicht nur der Priester, sondern auch die Eltern dem Kind ihre Hand auflegen, auf den Kopf oder auf die Schultern. Dann wird der Sinn des Gebetes handgreiflich, daß Gott seine gute und schützende Hand immer über das Kind halten und es vor dem Bösen bewahren und in der Gefahr beschützen möge. Zur Bekräftigung dieser schützenden Gebärde wird das Kind dann mit dem Katechumenenöl, dem Öl der Heilung, gesalbt, damit Christi heilende Kraft all seine Wunden zu Perlen verwandeln möge. Auch wenn die Eltern es noch so gut meinen, sie werden das Kind dennoch verletzen. Die Salbung mit dem Öl der Heilung nimmt den Eltern die Angst vor den eigenen Fehlern und stärkt ihr Vertrauen, daß die Wunden durch die heilende Kraft Christi zu etwas Kostbarem verwandelt werden, zu einem Schatz, der das Kind befähigt, offen zu sein für die Menschen und für Gott.

Die Segnung des Taufwassers

Dann wird das Taufwasser gesegnet. In diesem Segensgebet werden all die belebenden, reinigenden, erfrischenden und erneuernden Wirkungen des Wassers benannt, wie sie in der Geschichte Gottes mit seinem Volk Israel und wie sie in der Zeit Jesu erzählt wurden. Das Gebet erinnert an das Urbild der Taufe, an den Durchzug der Israeliten durch das Rote Meer, in dem alle feindlichen Ägypter untergingen. Und es spricht vom Blut und Wasser, das aus der durchbohrten Seite Jesu floß. In der Taufe strömt die menschgewordene Liebe Gottes aus dem Herzen Jesu, um das Kind neu zu schaffen. Um das Geheimnis des Taufwassers zu meditieren, könnte man hier einen Quellentanz um das Wasser tanzen. Im Tanz umschreiten wir den Taufbrunnen, damit er auch in uns zu fließen beginnt.

Absage an das Böse

Nach der Wasserweihe ist die Absage an das Böse vorgesehen. Dieser Ritus war in der frühen Kirche sehr wichtig. Denn die Täuflinge entschieden sich bewußt gegen das sinnlose und gottlose Leben, wie sie es in ihrer Umwelt wahrnahmen. Und sie entschieden sich für ein Leben mit und in Christus. Wenn ein Erwachsener getauft wird, hat dieser Ritus sicher seine Bedeutung. Der Ritus zeigt die Gefährdung des Lebens auf. Es ist nicht selbstverständlich, daß das Leben gelingt. Es ist auch angefochten. Die Frage ist, wie wir heute die Absage an das Böse so vollziehen können, daß es unserer Erfahrung entspricht. Das Böse erscheint uns heute in Tendenzen unserer Gesellschaft, die die Würde des Menschen mit Füßen treten, in der Unempfindlichkeit und Härte, in ungerechten Strukturen, in krankmachenden Lebensbedingungen, in Gewalt und Terror. Damit das Kind nicht vom Bösen infiziert und am Leben gehindert wird, sagen sich die Eltern und Verwandten bewußt vom Bösen los. Sie drücken ihre Bereitschaft aus, sich gegen lebenshemmende Tendenzen unserer Gesellschaft zu stellen und Widerstand zu leisten, wo die Würde des Menschen verletzt wird und lebensfeindliche Kräfte die Oberhand gewinnen.

Manche tun sich jedoch schwer, die negativen Formulierungen nachzuvollziehen. Eine Frau konnte von einer Taufe, an der sie teilnahm, nur noch erzählen, daß da ständig vom Teufel die Rede gewesen sei. Das habe ihr Angst gemacht. Man könnte den Ritus der Absage auch anders gestalten. Eltern und Paten könnten in persönlichen Worten ausdrücken, wo sie sich gegen negative Tendenzen unserer Zeit abgrenzen und wo sie Widerstand leisten möchten. Oder sie könnten die Widerstände gegen destruktive Kräfte symbolisch ausdrücken, in einem Bild etwa, das den inneren Schutzkreis des Glaubens von den Bedrohungen von außen abgrenzt. Dann könnten die Teilnehmer einen schützenden Kreis um die Mutter und das Kind bilden und gemeinsam ein Gebet sprechen oder ein Lied singen, etwa das „Ubi caritas et amor". Denn der Sinn dieses Ritus ist ja nicht nur die Entscheidung für Christus, sondern auch die Erfahrung einer Gemeinschaft, die das Kind vor dem Bösen schützt. Das Kind wird in eine Welt hineingeboren, in der es von Anfang an auch dem Bösen begegnet. Aber dort, wo glaubende Menschen um das Kind sind, erfährt es auch den heilenden und schützenden Raum der Kirche, in dem das Böse keine Macht hat.

Es wäre sicher zu wenig, diesen Ritus der Absage an das Böse einfach zu übergehen. Gerade das Sperrige dieses Ritus fordert die Eltern heraus, zu überlegen, wie sie den Sinn dieser alten Praxis für sich und ihr Kind auf eine für sie stimmige Weise erfüllen können. Bei einer Taufe lud ich alle Kinder ein, sich um die Mutter und den Täufling zu scharen. Wenn sie wollten, könnten sie ihre Hände schützend über das Kind halten. Wir sangen dabei immer den gleichen Segensvers: „Du bist gesegnet, ein Segen bist du." Die Kinder schauten fasziniert auf den Täufling. Und der fühlte sich in ihrer Mitte sehr wohl. Es entstand eine ganz dichte Atmosphäre, ein Schutzraum, ein Raum von Geborgenheit und Liebe, in dem sich das Kind sicher wußte vor feindlichen Kräften und Schwingungen. Da war auf einmal allen klar, was die Absage an das Böse wirklich bedeutete. Und die Qualität dieser Absage und des Schutzraumes von Liebe und Vertrauen war im Raum spürbar.

Eingetaucht in die Liebe

Nach der Absage und dem Glaubensbekenntnis folgen dann die eigentlichen Taufriten: das Übergießen mit Wasser und die Salbung mit Chrisam. Beim Übergießen mit Wasser sollten die Kinder möglichst nahe dabei sein. Kinder wollen etwas sehen und erleben. Daß dreimal das Wasser über den Kopf des Kindes ausgegossen wird, fasziniert die Kinder immer. Beim dreimaligen Übergießen spricht der Priester: „N., ich taufe dich im Namen des Vaters und des Sohnes und des Heiligen Geistes." Das Kind wird hineingenommen in die Gemeinschaft des dreifaltigen Gottes. Es wird eingetaucht in die Liebe zwischen Vater und Sohn, die im Heiligen Geist ausgegossen wird in die Herzen der Menschen. Wenn es angebracht ist, kann man vom Taufwasser auch einige Spritzer an die Umstehenden verteilen, damit alle etwas von der belebenden und erfrischenden Kraft des Wassers erfahren und alle teilhaben an der Gemeinschaft des dreifaltigen Gottes.

König, Priester und Prophet

Die Salbung mit Chrisam wird erst wirklich erfahrbar, wenn das Chrisam auch einen guten Duft verbreitet. Ich salbe nicht nur das Kind mit Chrisam, sondern auch die Eltern und Paten. Auch sie sind ja königliche, prophetische und priesterliche Menschen, die bei der Taufe ihre priesterliche Aufgabe mit erfüllen. Bei der Salbung spreche ich in persönlichen Worten aus, was die vorgegebene Formulierung meint. Das kann so lauten: „Christus hat dir aus dem Wasser und dem Heiligen Geist neues Leben geschenkt. Er salbe dich zum Priester, damit du durchlässig wirst für Gottes

Liebe, zum König, damit du als freier Mensch lebst, im Bewußtsein deiner göttlichen Würde, und zum Propheten, damit du das Wort verkündest, das Gott allein durch dich in dieser Welt zum Klingen bringen will." Eltern und Paten gebe ich bei der Salbung andere Zusagen als dem Kind. Die Mutter salbe ich zur Priesterin, Königin und Prophetin und den Vater zum Priester, daß er Gottes Spuren im Leben des Kindes entdeckt, zum König, daß er selbst lebt, anstatt gelebt zu werden, und zum Propheten, daß er Gott in seiner Weise zum Ausdruck bringt.

Bild Gottes

Dann wird dem Kind das weiße Kleid angezogen. Auch das kommentiert der Ritus mit dem Hinweis auf Gal 3,27, daß das Kind Christus selbst anzieht und in Ihm Gottes Schönheit. Das weiße Kleid ist ein Bild von Reinheit und Lauterkeit. Es drückt aus, daß das Kind ganz und gar durchlässig ist für Christus und seine Herrlichkeit. Im Kind leuchtet uns die Liebe Christi auf, ohne durch menschliche Absichten und Egoismen verdunkelt zu werden. Indem wir dem Kind das weiße Kleid anziehen, wünschen wir ihm, daß es das einmalige Bild Gottes unverfälscht darstellt und daß es in Klarheit und Lauterkeit lebt, ohne sich von den Gefährdungen und Anfechtungen verbiegen zu lassen.

Licht der Auferstehung

Das Anzünden der Taufkerze ist für alle immer ein erhebender Augenblick. Wenn ich sie an der Osterkerze anzünde, bete ich, daß das Licht der Auferstehung, das die Nacht des Todes erleuchtet, alle Nächte dieses Kindes erhellen möge. Ich halte die brennende Kerze nahe an das Kind und wünsche ihm, daß es Licht in die dunkle Welt bringe und Wärme dorthin, wo es kalt ist und die Gefühle zu vereisen drohen. Dann entzünden die Kinder ihre mitgebrachten Taufkerzen und die Erwachsenen ihre Teelichter an der Kerze des Täuflings. Die eine Taufkerze bringt viel Licht in die Kirche. Da werden viele Gesichter hell und es entsteht eine Atmosphäre von Wärme und Geborgenheit. Es wird deutlich, daß durch dieses Kind die Welt heller und wärmer geworden ist. Wenn das Licht Christi in ihm leuchtet, dann dürfen viele Menschen an ihm die beglückende Erfahrung machen, daß sie getröstet und erleuchtet von dem Kind weggehen. Meistens stellen sich alle mit ihrer Kerze in der Hand in den Kreis. Manchmal haben die Eltern auch etwas vorbereitet. Sie haben Schwimmkerzen gekauft, die die Kinder dann in die Taufschale legen können. Oder sie haben auf den Boden mit Sand und Tüchern ein Meer angedeutet, in das die Kinder ihre Lichter stellen, damit sie wie ein Leuchtfeuer vielen leuchten, die auf dem Meer ihres Lebens dahinfahren. Die Kinder scharen sich gerne um dieses Lichtermeer und schauen gebannt hinein. Da leuchtet ein Schein der Taufe auch in ihr Herz hinein.

Der Effataritus

Der letzte Taufritus ist der sogenannte Effataritus. Jesus hat dem Taubstummen Mund und Ohr geöffnet. Taufe bedeutet, daß der Mensch nun das Wort Gottes richtig hören und es auch mit seinem Mund verkünden soll. Der Taubstumme war eingeschränkt in seiner Kommunikation. Er konnte keine wirkliche Beziehung aufnehmen zu den Menschen. Viele Menschen leiden heute unter Beziehungslosigkeit. Beziehung nehmen wir auf mit unseren Sinnen, mit den Ohren, den Augen, dem Mund, mit unserem Tastsinn und Geruchssinn, mit unseren Händen und Füßen. Ich erweitere daher den Effataritus zum Öffnen aller Sinne. In der Taufe soll ja das Geheimnis des menschlichen Lebens dargestellt werden. Sein Leben soll sinn- und sinnenvoll sein. Und dazu gehört wesentlich die Beziehungsfähigkeit. Nur wenn der Mensch mit allen Sinnen lebt, kann er eine gute Beziehung aufnehmen zu Gott, zu den Menschen, zu den Dingen und zu sich selbst. Ich beginne damit, daß ich meine Hand auf den Mund des Kindes lege und ihm wünsche, daß es Worte sagen möge, die Leben wecken und Frieden stiften, die andere aufrichten und ermutigen, Worte, die Liebe verströmen, die Wunden heilen und Trauer trösten. Dann legen Vater und Mutter ihre Hand an die Ohren und auf die Augen und formulieren ihre Wünsche. So ein Ritus ist eine Möglichkeit, Gefühle und Wünsche zum Ausdruck zu bringen, die sonst vielleicht nie gesagt würden. Es ist ja ganz wichtig, wie das Kind seine Augen gebraucht, ob es die Augen vor der Wirklichkeit verschließt oder ob es die Schönheit dieser Welt schaut und bestaunt, ob es das Gute in jedem Menschen sieht, ob seine Augen Wärme und Lebendigkeit ausstrahlen oder nur Depressivität verbreiten. Und mit den Ohren soll das Kind hören, was Gott ihm sagen möchte, was die eigentliche Botschaft der Worte ist, die es von den Menschen hört. Es soll auf die Zwischentöne, auf die leisen Töne hören, damit es den Menschen gerecht werden kann. Es soll so hören können wie Momo, daß andere gerne zu ihm kommen, um sich auszusprechen. Die Paten berühren segnend die Hände und Füße des Kindes und wünschen ihm, daß die Hände zupacken, wo Not ist, daß sie zärtlich sind, daß sie geben und nehmen, sich öffnen und empfangen, daß sie das Leben in die Hand nehmen und Lust daran haben, es zu formen und zu gestalten. Das Kind möge mit seinen Füßen die richtigen Wege gehen, es möge vorankommen auf seinem inneren Weg, es soll den Zugang zu andern finden und sich auf seinem Lebensweg immer wieder wandeln, bis es ans Ziel seiner Verwandlung kommt. Ein Bub mit sechs Jahren wollte seinem Bruder bei der Taufe unbedingt auch die Nase öffnen. Er legte seinen kleinen Finger auf die Nase des Täuflings und wünschte ihm, daß er immer etwas Gutes zu riechen und daß er einen guten Geschmack habe. Durch solche Rituale wird den Eltern und Paten und Geschwistern klar, was Leben eigentlich heißt, daß der Täufling das Leben in Fülle erfahren möge, das Leben, so wie Gott es ihm zugedacht hat mit allen Möglichkeiten, die gerade in den Sinnen liegen. Durch die Sinne nehmen wir die Wirklichkeit wahr und kommen mit ihr in Beziehung. Die Sinne sind auch der Ort der Gotteserfahrung. Durch sie wird unser Leben bereichert und befruchtet.

Der Segen

Nach diesen Riten, die immer wieder auch durch Lieder unterbrochen werden können, betet nun die ganze Gemeinde stellvertretend für das Kind das „Vaterunser“. Es ist schön, wenn dabei alle ein oder zwei Kreise bilden und sich an der Hand fassen. So wird deutlich, daß Gott der eigentliche Vater und die eigentliche Mutter dieses Kindes und von uns allen ist, daß Gott allein wahre Geborgenheit und Heimat schenken kann. Im Gebet kann der Geist Jesu durch unsere Hände strömen, damit er uns miteinander in Gott verbindet. Dann werden Mutter und Vater gesegnet. Die ursprüngliche Form des Segens ist die Handauflegung. In dem persönlich formulierten Segen wünsche ich der Mutter, daß sie dem Kind Geborgenheit und Heimat, Urvertrauen und Zustimmung zum Leben schenken möge, daß sie sich in ihrer Liebe zum Kind nicht verausgabe, sondern immer aus der Quelle der göttlichen Liebe schöpfen möge, daß sie immer dankbar auf das Geheimnis des Kindes schauen und sich an seiner Einmaligkeit freuen könne. Dem Vater spreche ich im Segen zu, daß er teilhaben möge an der Vaterschaft Gottes, daß er dem Kind den Rücken stärken und ihm Mut zum Wagnis schenken möge. Er möge für den Sohn oder die Tochter immer da sein, wenn sie ihn brauchen, daß sie sich an ihn anlehnen und an seiner Kraft teilhaben können. Und er möge sie auf allen Wegen begleiten, wohin auch immer sie der Weg führen mag.

Dann werden alle Anwesenden gesegnet. Ich spreche den Segen immer gemeinsam mit den Eltern, die dafür oft selbst ein Segensgebet ausgesucht oder formuliert haben. Wenn die Eltern über alle den Segen sprechen, wird ihre priesterliche Aufgabe deutlich. Sie haben dem Kind Leben geschenkt, weil Gott sie dazu befähigt hat. Sie wollen im Segen nun auch allen etwas von der Fülle des Lebens zusagen, das Gott für uns alle bereit hält. Der Segen der Eltern könnte so lauten: „Der barmherzige und gute Gott segne euch. Er halte seine gute Hand über euch. Er sei euch Licht auf eurem Weg. Er stärke euch mit seiner Kraft. Er sei euch eine Quelle, aus der ihr immer trinken könnt. Er sende euch immer den Engel, den ihr braucht. Er richte euch auf, wenn das Leben euch beugt. Er heile euch, wenn alte Wunden aufbrechen. Er begleite euch auf allen Wegen eures Lebens. Er hülle euch ein mit seiner heilenden und liebenden Nähe. Und er mache euch selbst zu einer Quelle des Segens für eure Brüder und Schwestern. So segne euch der gütige und barmherzige Gott, der Vater, der Sohn und der Heilige Geist."

Das Wesen der Taufe

Wie die Eltern und Paten gemeinsam mit dem Priester die einzelnen Taufriten gestalten, müssen sie im Gespräch mit dem Zelebranten selbst herausfinden. Es ist nicht nur eine Frage der schönen Gestaltung. Vielmehr wird in der Vorbereitung des Taufrituals deutlich, wie die Eltern die Taufe verstehen. Und sie werden dabei immer tiefer in das Wesen der Taufe hineinwachsen. Der Ritus wird seine Wirkung zeigen. Wenn er gut vorbereitet wird, dann stößt man auf zentrale Fragen wie: Was ist der Mensch? Was ist Leben? Was heißt eigentlich Christsein? Was meint nun die Taufe wirklich? Was ist das Geheimnis des christlichen Lebens? Was bedeutet es, sich für Christus zu entscheiden und gemeinsam mit Christus seinen Weg zu gehen? Was bewirken die Riten? Sind sie nur ein schönes Schauspiel oder glauben wir an das, was wir da vollziehen? Wie nahe ist uns Gott? Wie nahe kommt uns dieser Jesus von Nazareth in der Taufe und wie prägt er unser Leben? Würde ich mein Leben ohne Christus genauso gestalten oder hat dieser Jesus einen Einfluß auf meine Art, zu leben, zu denken und zu handeln? Wenn Eltern gemeinsam mit dem Priester den Taufritus gut vorbereiten, geschieht in ihnen mehr, als wenn der Priester moralisierend an sie appelliert, wie wichtig es wäre, das Kind auch christlich zu erziehen. Durch die Auseinandersetzung mit den Riten entdecken viele Eltern ihre christlichen Wurzeln wieder. Ich möchte ihnen im Gespräch kein schlechtes Gewissen vermitteln, daß sie doch wieder christlicher leben sollten. Vielmehr wecke ich durch das Gespräch über die Riten ihre Lust, selbst nachzudenken, wie sie ihr Leben als Christen verstehen und leben möchten. Und auf einmal entdecken sie, daß der christliche Glaube nicht weltfern ist, sondern daß er ihnen ein Leben ermöglicht, das geprägt ist von Freiheit und Würde, von Liebe und Geborgenheit, von Kraft und Halt. Sie spüren, daß der Glaube wirklich Lebenshilfe ist und daß er dem Leben seine wahre Qualität schenkt.

III. Leben aus der Taufe

Die Tauferneuerung

Am Fest der Taufe Jesu und in der Osternacht lädt die Kirche alle Gläubigen ein, ihre eigene Taufe zu erneuern. Sie erhofft sich davon, daß die Christen wieder neu aus dem Geheimnis ihrer Taufe leben. Da die meisten als Kinder getauft wurden, bewirkt die Erinnerung an die eigene Taufe wenig. Man kann dann noch so sehr fordern, die Christen sollten aus ihrer Taufwirklichkeit heraus leben. Sie wissen meistens gar nicht, was damit gemeint ist. Wer als Erwachsener getauft wurde, wird sich immer wieder daran erinnern können, was da in ihm geschehen ist. Er kann – wie es die frühen Christen taten – seine Absage an das Böse und seine Entscheidung für Christus im Gedenken an seine Taufe erneuern und bestätigen. Aber was heißt es für uns, die wir als Kinder getauft wurden, aus der Wirklichkeit der Taufe heraus zu leben? Für mich bedeutet Leben aus der Taufe, bewußter und authentischer zu leben, aus einer anderen Dimension heraus zu leben, aus der Dimension der Gnade und nicht der Leistung, frei zu sein gegenüber den Erwartungen der Welt, aus der inneren Quelle heraus zu wirken und nicht nur aus eigener Kraft. Die Tatsache, daß ich getauft bin, stellt mich immer wieder vor die Frage: Was heißt es, Mensch zu sein? Wer bin ich wirklich? Woher komme ich? Wohin gehe ich? Was möchte ich mit meinem Leben? Was ist das Geheimnis meines Lebens? Was heißt es, Christ zu sein? Wie versteht Jesus Christus mein Leben? Was will er mir heute sagen? Welche Chance besteht darin, heute in Gemeinschaft mit Jesus Christus zu leben? Wie unterscheide ich mich von Menschen, die nicht getauft sind?

Ich bin getauft

Von Martin Luther wird erzählt, daß er auf seinem Schreibtisch das Wort eingeritzt hat: „Baptizatus sum – Ich bin getauft“. Immer wenn es ihm schlecht ging, wenn er von Selbstzweifeln und Minderwertigkeitsgefühlen heimgesucht wurde, sah er auf diesen Satz und sagte sich ihn vor. „Ich bin getauft“, das hieß für ihn: es kommt nicht auf meine Leistung an, nicht darauf, ob alles, was ich tue, richtig ist, ob ich vor Gott selbst richtig lebe. Das Entscheidende ist, daß Gott mich bedingungslos angenommen hat, daß er mich vorurteilslos liebt, daß Gott mich richtig macht, daß meine Gerechtigkeit von Gott kommt und nicht von meiner Leistung. So könnte für uns die Erinnerung an die Taufe bedeuten, sich zu vergewissern, daß wir Gottes geliebte Söhne und Töchter sind. Jeder Mensch sehnt sich im Tiefsten danach, geliebt zu werden und selbst lieben zu können. Die Taufe sagt uns, daß wir absolut geliebt sind, daß es nichts in uns gibt, was von dieser Liebe Gottes ausgeschlossen ist. Die Liebe ist die Grundtatsache, auf der wir unser Leben aufbauen können. Und die Liebe Gottes ist nicht brüchig wie die Liebe, die wir von Menschen erfahren. Sie ist nicht ambivalent wie die Liebe der Eltern, die ihre Liebe oft genug mit dem Anspruch der Dankbarkeit verbinden oder uns in ihrer Liebe festhalten möchten. Immer wenn wir an uns selbst zweifeln, wenn wir uns minderwertig fühlen, wenn wir uns selbst ablehnen, wäre die Erinnerung an unser bedingungsloses Angenommensein in der Taufe eine Hilfe, uns selbst bejahen und lieben zu können.

Die Quelle des Lebens

Die Erinnerung an die Taufe will uns nicht in erster Linie dazu auffordern, die Gebote Jesu zu erfüllen und richtig zu handeln. Sie will uns vielmehr sagen, wer wir eigentlich sind. Nur wenn wir uns immer wieder bewußt machen, wer wir sind, können wir richtig leben. Die Taufe sagt uns, daß wir nicht nur Kinder unserer Eltern sind, sondern Kinder Gottes. Wir haben in uns nicht nur die Eigenschaften, die wir von den Eltern ererbt haben, sondern in uns fließt göttliches Leben. Wir müssen uns nicht nur mit der Kraft begnügen, die wir in unserem Leib und unserer Psyche mitbekommen haben. In uns strömt die Quelle des Heiligen Geistes, die nie versiegt. Aus ihr können wir immer wieder schöpfen, selbst wenn uns unsere Kraft verläßt. Da haben wir Anteil an der unbegrenzten Kraft Gottes, die uns aus dieser göttlichen Quelle zufließt. Die Erinnerung an die eigene Taufe entlastet uns vom Leistungsdruck, daß wir alles selbst machen müßten, daß wir unseren Wert beweisen müßten. Und sie befreit uns von der Angst, daß uns die Kraft ausgehen könnte.

Manchmal machen wir die Erfahrung, daß alles in uns erstarrt. Wir fühlen uns versteinert. Die Arbeit hat uns hart gemacht. Es fließt nichts mehr in uns. Wir haben einen Panzer um uns gebaut, damit wir uns erfolgreich durch das Leben kämpfen. Aber der hat uns unempfindlich gemacht. Und er hat uns vom Strom des Lebens abgeschnitten. Es fließt nichts mehr in uns. Alles ist nur noch Routine. Wenn es uns so ergeht, dann könnte die Erinnerung an die Taufe den inneren Strom wieder zum Fließen bringen. Wir könnten wieder in Berührung kommen mit der inneren Quelle. Leben will fließen. Erstarrung in Routine ist der Tod des

Lebens. Die Taufe will uns davor bewahren, zu versteinern. Sie will die Blockaden auflösen, damit das Leben in uns wieder zu strömen beginnt.

In Gemeinschaft

Getauft sein heißt für mich aber nicht nur, aus der göttlichen Quelle heraus zu leben, sondern auch in Gemeinschaft mit Jesus Christus zu sein. Wenn ich in mich hineinschaue, stoße ich nicht nur auf meine Lebensgeschichte, sondern auch auf Jesus Christus als meine innerste Wirklichkeit. In der Taufe bin ich zusammen gewachsen mit ihm. Wie prägt diese Tatsache mein Leben, meine Selbstwahrnehmung? Die Meditation meiner Taufe bedeutet für mich, daß ich mich nie allein fühle. Wenn ich jetzt am Schreibtisch sitze und an diesem Buch schreibe, dann muß ich mir die Gedanken nicht abquälen. Mit mir und in mir ist Jesus Christus. Ich muß gar nicht immer an ihn denken. Ich muß nicht jeden Augenblick in der Bibel lesen, um mit ihm in Kontakt zu kommen. Er ist in meinem Innern. Wenn ich mir dessen bewußt werde, dann fühle ich mich entlastet von dem Druck, mein Leben selbst bestehen zu müssen. Ich fühle mich in Beziehung. Der Gedanke an Jesus in mir läßt die Liebe durch meinen Leib strömen. Ich bin nicht isoliert, sondern eingetaucht in eine Liebe, die mir persönlich gilt, die aber durch mich auch weiterströmen will in diese Welt. Mit Jesus zusammengewachsen sein, das heißt für mich, nie einsam sein, auch in der Einsamkeit um diese innere Beziehung wissen, nie ratlos sein, nie ohne Beistand, nie ohne Liebe, nie ohne Schutz.

Das Weihwasser

Die Taufe wurde in vielen Ritualen gespendet. Alltägliche Rituale können mich an die Wirklichkeit der Taufe erinnern. Da ist das Ritual, Weihwasser zu nehmen. Wir nehmen Weihwasser, wenn wir eine Kirche betreten. Manche haben auch in ihrer Wohnung ein Weihwasserbecken. Sie beginnen den Tag, indem sie sich mit Weihwasser bekreuzigen. Das Weihwasser will in uns die Erfahrung wachrufen, daß in uns die Quelle des Hl. Geistes strömt, daß wir nicht ausgetrocknet und ausgebrannt sind, sondern daß immer wieder das erfrischende und erneuernde Lebenswasser Gottes in uns fließt. Das Weihwasser ist auch ein Bild dafür, daß wir in der Taufe ganz und gar rein gewaschen wurden. Wenn ich mich mit dem Weihwasser bekreuze, dann erahne ich, was es heißt, ganz rein zu sein, durchlässig für Gott, rein gewaschen von allen Trübungen, die das ursprüngliche Bild Gottes in mir verfälschen, reingewaschen von meiner Vergangenheit, von meiner Schuld. Die Flecken, die sich in meiner Lebensgeschichte in mich eingeprägt haben, lösen sich auf. Jetzt im Augenblick bin ich vor Gott, frei von allem, was mich befleckt und beschmutzt. Im Weihwasser steckt die Verheißung, daß ich mein Leben nochmals von vorne beginnen kann, daß ich täglich einen neuen Anfang setzen kann und nicht festgelegt bin durch das Vergangene, durch die Verletzungen meiner Lebensgeschichte, durch meine Schuld und durch mein Scheitern. Ich bekreuze meine Stirn, meinen Unterbauch, meine linke und rechte Schulter und bekenne damit, daß Gottes Leben und Liebe in meinem Denken fließen, in meiner Vitalität und Sexualität, in meinem Unbewußten und im Bewußten, daß alles in mir bedingungslos

angenommen und geliebt ist, auch das, was ich gerne selbst von mir ausschließe. Indem ich mich mit Weihwasser bekreuze, komme ich in Berührung mit der Quelle, die in mir sprudelt und die meinen Durst löscht. Ich fühle mich eingetaucht in das göttliche Leben, in die göttliche Liebe.

Das Weihwasser erinnert mich aber auch daran, daß ich in der Taufe dieser Welt gestorben bin. Die Welt mit ihren Maßstäben hat keine Macht mehr über mich. Was sie von mir hält, ist nicht mehr wichtig. Ich bin nicht angewiesen auf die Bestätigung durch meine Umwelt. Ich lebe in dieser Welt, aber ich bin nicht von dieser Welt. Das gibt mir ein Gefühl von Freiheit. Jeden Morgen, wenn ich um 5.00 Uhr in die Kirche gehe und dabei Weihwasser nehme, mache ich mir bewußt: „Du mußt dich heute nicht beweisen. Du bist nicht von der Welt. Die Maßstäbe dieser Welt, wie Erfolg und Anerkennung, Beliebtsein und Gebrauchtwerden, gelten nicht für dich. Lebe aus deiner innersten Wirklichkeit, lebe aus Jesus Christus heraus!" Wenn ich mich achtsam mit dem Weihwasser benetze, dann steigt in mir eine Ahnung davon hoch, was Christsein bedeutet: Freisein, Geliebtsein, aus der Wirklichkeit Gottes heraus leben, eine unantastbare Würde haben.

Christus als Gewand anlegen

In der Taufe haben wir Christus angezogen. Das klingt oft wie ein frommer Satz, der sich aber nicht auf mein Leben auswirkt. In der geistlichen Tradition war es üblich, daß der Priester beim Anlegen seiner priesterlichen Gewänder jeweils ein Gebet gesprochen hat, wie: „Ich will mich bekleiden mit den Gewändern des Heils.“ Oder wenn er die Stola anzieht, spricht er: „Ich ziehe an das Gewand der Unsterblichkeit.“ In unserer Mönchstradition ist es Brauch, den Habit und die Kukulle mit eigenen Gebeten anzulegen. Wenn ich am Morgen bewußt meinen Habit anziehe, dann sage ich mir vor: „Ich gehöre nicht mir selbst, sondern Gott. Ich stehe in seinem Dienst und nicht in meinem eigenen.“ Und ich kann mir vorstellen, daß Christus mich umgibt wie das Gewand, das ich trage. Gemeinsam mit ihm gehe ich durch den Tag. Zum Chorgebet ziehen wir über unsern Habit die Kukulle, die die geistliche Tradition als Kreuzgewand verstanden hat. Wenn ich mir die Kukulle nicht nur schnell überstülpe, sondern sie achtsam anlege, dann ahne ich, was es heißt: mit Christus zusammen zu wachsen, Christus als mein Gewand anzulegen, an seiner Gestalt Anteil zu haben, mit seinem Geist bekleidet zu werden.

Der königliche Mensch

Ich kann mich auch an meine Taufe erinnern, indem ich bewußt aufrecht durch das Leben gehe, indem ich mich als König oder Königin fühle. Dann spüre ich meine Würde. Ich ahne, wie es ausschauen würde, wenn ich wirklich selber lebe, anstatt gelebt zu werden, wenn ich über mich selbst herrsche, anstatt von andern bestimmt zu werden, wenn ich mit mir im Frieden wäre. Indem ich mir das Bild des Königs, des Propheten oder des Priesters vor Augen halte, werde ich mich anders erleben. Und wenn ich mich anders fühle, werde ich auch anders denken und handeln. Mein Denken wird nicht mehr davon geprägt sein, mich mit andern zu vergleichen, Ressentiments gegen andere zu hegen, mir ärgerliche Gedanken über sie zu machen. Als königlicher Mensch werde ich auch ihre Würde achten. Dann habe ich es nicht mehr nötig, mich ständig mit ihnen zu beschäftigen, sie zu entwerten oder zu kränken, um mich besser zu fühlen. Wenn ich mit mir im Einklang bin, werde ich auch den andern den Raum zugestehen, daß sie ihre Würde leben können.

Entscheidung für das Leben

In der Taufe haben wir bewußt dem Bösen abgesagt. Sich an die Taufe zu erinnern, heißt immer wieder auch, sich für Gott und für das Leben zu entscheiden. Ich erlebe immer wieder Menschen, die in ihrem Selbstmitleid zu versinken drohen. Sie kommen morgens kaum aus dem Bett, weil es ihnen immerzu schlecht geht. Sie bedauern sich selbst und kreisen nur um ihre depressiven Gefühle. Ihnen sage ich immer wieder: „Du mußt dich für das Leben entscheiden. Wenn du aufstehst, dann stehe in das Leben hinein auf und nicht in deine Depressivität.“ Wenn ich mich selbst dabei ertappe, daß ich zu jammern beginne, wie schwer alles ist, dann hilft mir die Erinnerung an die Taufe. Und ich sage mir dann vor: Ich will leben, anstatt zu jammern. Ich will das Leben selbst gestalten, als mich dem negativen Sog der andern zu überlassen. Ich entscheide mich für das Leben.

Im Kirchenjahr sind es vor allem zwei Feste, die uns an die eigene Taufe erinnern: das Fest der Taufe Jesu am Sonntag nach Dreikönig und die Osternacht. Am Fest der Taufe Jesu besprengt der Priester zu Beginn der Eucharistie alle Gläubigen mit Weihwasser. Alle singen dazu den alten Gesang des „Asperges me“: „Besprenge mich, o Herr, mit Ysop, und ich werde rein. Wasche mich, und ich werde weißer als der Schnee.“ In der Osternacht segnet der Priester das Taufwasser. Er taucht die Osterkerze dreimal in das Taufwasser und spricht dazu: „Durch deinen geliebten Sohn steige herab in dieses Wasser die Kraft des Heiligen Geistes, damit alle, die durch die Taufe mit Christus begraben sind in seinen Tod, durch die Taufe mit Christus auferstehn zum ewigen Leben.“ In unserer Kirche steht ein großes Becken voll Wasser bereit, damit die Gläubigen sich nach der Osternacht das geweihte Wasser mit nach Hause nehmen. Es soll sie die ganze Osterzeit daran erinnern, daß sie mit Christus auferstanden sind, daß das Leben auch in ihnen über den Tod gesiegt hat.

Zusammenfassung

Das Bedenken der Taufe und ihrer wunderbaren Riten will nicht nur den Eltern eine Hilfe sein, die Taufe ihrer Kinder gut vorzubereiten. Die Gedanken dieses Buches sollen vielmehr alle Getauften anregen, über das Geheimnis ihrer Taufe nachzudenken und sich dabei immer wieder zu vergewissern, wer sie durch die Taufe geworden sind. Die Bilder der Taufe wollen jeden Christen daran erinnern, was es bedeutet, Christ zu sein, welches Geheimnis es ist, Mensch zu sein, von Gott ganz und gar geliebt zu sein, Anteil zu haben an der göttlichen Natur, mit Christus zusammen gewachsen zu sein. Für die frühen Christen war die Taufe ein so überwältigendes Erlebnis, daß die Erinnerung an sie ihnen immer wieder neu den Ursprung ihres Lebens vor Augen hielt. Für uns, die wir als Kinder getauft wurden, kann es hilfreich sein, uns bei der Mitfeier einer Taufe bewußt zu machen, daß all diese Riten an uns vollzogen wurden. Und dann können wir diese Riten meditieren und uns vorstellen, was das mit uns macht, daß wir zum Priester, König und Propheten gesalbt, daß wir im Wasser und Hl. Geist getauft, daß uns die Sinne geöffnet wurden. Dann ahnen wir, wer wir eigentlich sind, was das Geheimnis unseres Lebens ist und was das Geheimnis Jesu Christi ist, mit dem wir in der Taufe zusammen gewachsen sind.

Die Erinnerung an die eigene Taufe könnte uns helfen, uns unserer christlichen Identität bewußt zu werden. Allzu leicht sind wir in Gefahr, uns an diese Welt anzupassen. Dann wissen wir manchmal gar nicht, warum wir eigentlich Christ sind und was uns von den andern unterscheidet, die ihr Heil auf dem Marktplatz spiritueller Wege suchen. Wir brauchen heute Hilfen, bewußt als Christen leben zu können, nicht indem wir uns gegenüber der Welt abschotten, sondern indem wir selbstbewußt in dieser Welt leben, im Bewußtsein, daß wir in der Welt sind, aber nicht von der Welt. Wir brauchen Wege der Einübung in unsere christliche Freiheit und Würde. Und wir brauchen Hilfen, unser Leben heute, da es von vielen lebenshemmenden Tendenzen bedroht ist, so zu leben, daß es diesen Namen wirklich verdient. Es geht um die Einübung in das ewige Leben, in ein Leben, das jetzt schon hineinreicht in das Leben Gottes, das durchwoben ist vom unsterblichen Leben Gottes.

Die Erinnerung an die eigene Taufe könnte ein konkreter Weg sein, uns täglich neu das Wesen unseres Glaubens und unseres Lebens zu erschließen und so bewußter und authentischer als Christen zu leben.

Literatur

Alfred Delp, Gesammelte Schriften, Band IV,
Aus dem Gefängnis, hrsg. v. R. Bleistein, Frankfurt 1984.

Burkhard Neunheuser, Taufe, in: SM IV 825.
(Sacramentum mundi, hrsg. v. Karl Rahner, Freiburg 1967)

Anselm Grün

Die Trauung

Segen für das gemeinsame Leben

ISBN 3-87868-147-X
Format: 16 x 21 cm, Hardcover
64 Seiten, mit farbigen Abbildungen
DM 19,80; öS 145,00; sFr 19,80

Pater Anselm Grün erklärt das Sakrament der Ehe. Was ist sein Wesen? Welche Bedeutung haben die einzelnen Rituale der Trauung? Wie kann die Feier im Alltag weiterwirken als Segen für das gemeinsame Leben?

Eine Bebilderung am Rand veranschaulicht die Elemente des Sakraments.

Ein Sachbuch, das man verschenken kann.

Die Ringe
Das Ja-Wort
Die Stola
Die Fürbitten
Die Brautkerze
Der „Sprechstein"

- Für Paare die sich auf die Hochzeit vorbereiten
- Für die Trauzeugen
- Für Christen, die die Feier der Trauung neu mit Sinn füllen wollen
- Für Pfarrer und Seelsorger, die zur Vorbereitung auf die Trauung den Paaren eine anspruchsvolle Hinführung mitgeben wollen
- Für Menschen, die christlich heiraten wollen, weit entfernt von der Kirche aber wieder einen Zugang zum Ritual der Trauung und zum Sakrament der Ehe suchen.

Vier-Türme-Verlag
97359 Münsterschwarzach Abtei
Telefon 0 93 24 - 20-292